COMO
APRENDER
A TOCAR
VIOLÃO

PAURIC MATHER

Primeira Edição - 2016

Edições Revisadas - 2018 - 2020 - 2022

ISBN-13: 978-1086354065

ISBN-10: 1086354060

Esquema & Design

Hammad Khalid - Malásia - HMDGFX.com

Fotografia

Emma Curtin - Irlanda

Traduções

Florica Dohan - Irlanda

Marco Chu - Austrália

Carlos Reyes - México

Andrea Santucci - Itália

Lara von Dehn - Alemanha

Himawari Yamamoto - Japão

Jean-Michel GEORGE - França

Joana Peixoto Meneses - Portugal

Rafael Mazin Reynoso - Os Estados Unidos

PAURICMATHER.com

Se hoje é o seu primeiro dia aprendendo a tocar violão, então você está em boa companhia. Todos os grandes guitarristas tocaram algum dia pela primeira vez - e tocaram para o resto de suas vidas a partir daquele dia.

PODE COMEÇAR UMA VIDA INTEIRA TOCANDO VIOLÃO AINDA *HOJE!*

IRÁ
APRENDER

- A PALHETAR EM UM TEMPO PERFEITO

- OS RITMOS MAIS TOCADOS

- OS ACORDES MAIS TOCADOS

- A TROCAR RAPIDAMENTE DE ACORDES

- APRENDER A LER DIAGRAMAS DE ACORDES

- APRENDER A LER TABLATURAS

E MUITO MAIS!

ÍNDICE

COMO APRENDER
A TOCAR VIOLÃO

A capacidade de tocar violão é um "Dom Inestimável". Ela dá voz ao seu coração e dá largas à sua imaginação. Mesmo quando as palavras falham, a música não perde a voz. E, ainda assim, ao contrário dos bens materiais, depois de estar em sua posse, ninguém pode tirá-la de você.

As lições presentes neste livro ajudaram milhares de pessoas a tocar violão. São as lições mais completas, individuais e personalizadas que jamais encontrará. Você começa simplesmente por saber o que não deve fazer - e também se certificando de que possui o violão certo para aprender.

A partir daqui, é fundamental seguir cada lição passo a passo. Não se limite a ler cada lição. Personalize e interaja com eles. Destaque as dicas que transformam completamente sua maneira de tocar violão.

FAÇA DESTE O SEU PRÓPRIO LIVRO

Não ignore lições. Só não irão funcionar se estiver demasiado ansioso para avançar para a lição seguinte. A qualidade de suas capacidades a tocar violão será muito melhor se demorar o tempo necessário para interiorizar o que você acabou de aprender.

Mais importante ainda, toda a sua prática está planejada do início ao fim. Saberá exatamente no que deve trabalhar e não deixará nada por praticar. Além de serem a chave para o seu sucesso, os "Programas de treino" mantêm você no caminho certo do início ao fim. E, em poucas semanas, você irá alcançar aquilo que muitas pessoas demoram anos a aprender.

Portanto, Vamos Lá ... Escolha O Seu Violão ... e me acompanhe nesta *Jornada Musical Verdadeiramente Única.*

LIÇÃO
01

- COMO NÃO TOCAR VIOLÃO

- O MELHOR VIOLÃO PARA VOCÊ

- TUDO AQUILO QUE VOCÊ PRECISA

- COMO AFINAR SEU VIOLÃO

WEBINAR AO VIVO - VÍDEO - SUPORTE POR E-MAIL !!!

TODAS AS QUARTAS (1 Hora)

Para todos os alunos que estão aprendendo com os livros de violão
de Pauric Mather. Coloque qualquer questão que você tenha!

 **PAURICMATHER.com**

COMO **NÃO** TOCAR VIOLÃO

Existem 9 razões pelas quais as pessoas não conseguem aprender a tocar violão. Evite-as e o sucesso será garantido. Aqui estão ela:

- Dedos fracos

- Maus professores

- Mau posicionamento do polegar

- Aprender teoria musical

- Aprender mal os ritmos

- Aprender o Sol da maneira errada

- Segurar mal na palheta

- Aprender a tocar violão com cordas de nylon

- Segurar no braço do violão com a mão que toca os acordes

POSICIONAMENTO ERRADO DO POLEGAR

Se o polegar estiver mal posicionado, a sonoridade produzida pelo violão será turva.

Se você levantar a articulação, poderá tocar os acordes básicos. Mas será impossível mudar de acorde rapidamente.

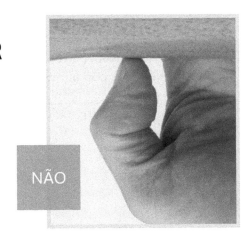

NÃO

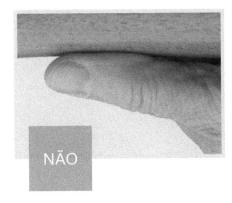

NÃO

Se você colocar o polegar na lateral, poderá ser difícil mudar rapidamente de acordes e os tocar ao longo do braço do violão.

NÃO

PEGA INADEQUADA

Uma pega inadequada permite que você toque ritmos básicos mas será demasiado difícil para você aperfeiçoar ritmos avançados.

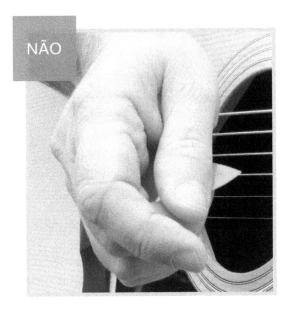

NÃO

Aprender o SOL conforme ilustrado abaixo é uma das principais razões pela qual as pessoas desistem de tocar violão. Esse SOL funciona apenas se tocar as cordas uma a uma. Mas não quando você toca todas as cordas ao mesmo tempo.

A sonoridade produzida é turva. E pode originar outros problemas à medida que você tenta melhorar.

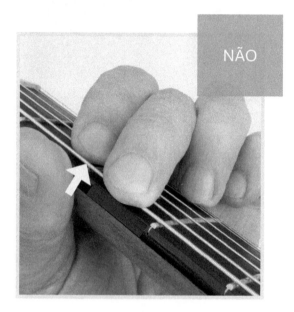

NÃO

Passar de DÓ para RÉ pode ser difícil.

Não pode adicionar muitas passagens.

SIM

A melhor maneira de aprender o SOL é mais difícil, mas apenas durante algumas semanas.

Depois disso, você terá uma infinidade de possibilidades. É maioritariamente tocado de duas maneiras.

Uma produz uma sonoridade rica arejada. A outra libera o 1.º e 2.º dedos para adicionar mais notas, policordes e passagens.

A maioria dos iniciantes puxa o braço do violão para trás e se encolhe para ver as cordas. Evite essa postura e irá aprender e melhorar muito mais rápido. E seu violão será muito mais fácil de tocar.

Braço do violão demasiado afastado

- Uma postura inadequada fecha muitas portas
- Dificulta muito a mudança de acordes
- Dificulta muito a produção de ritmos de violão
- Além disso, bloqueia o fornecimento de ar necessário para cantar bem

O MELHOR VIOLÃO
PARA VOCÊ

Se você está agora começando, você terá de perceber se toca melhor com a mão esquerda ou com a mão direita. A mão que você utiliza para escrever é quase sempre aquela que você utiliza para palhetar. Se você não tem a certeza, experimente palhetar o violão com ambas as mãos e veja qual executa o movimento com mais naturalidade.

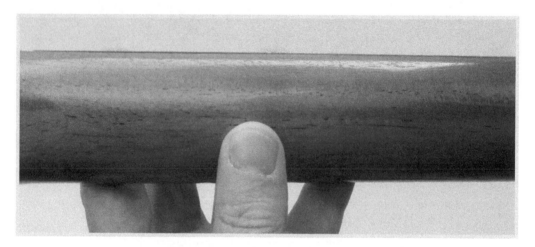

Braço estreito

A maioria dos guitarristas profissionais utilizam violões acústicos de braço estreito e cordas de aço. E você deve fazer o mesmo (a menos que pretenda tocar violão clássico).

As cordas de baixo calibre são mais fáceis de tocar e não irão magoar tanto os seus dedos. Se você guardar o violão em uma caixa quando não estiver praticando, as cordas podem durar um ano ou mais.

Se ficarem expostas, as cordas tendem a ganhar pó e precisam ser substituídas com frequência. Você também as pode limpar depois de tocar.

MENINAS

A maioria das mulheres tem uma estrutura corporal inferior à dos homens, pelo que faz mais sentido aprender a tocar em um violão com um braço esguio.

Além de ser mais fácil de tocar, será muito mais confortável.

TUDO AQUILO QUE
VOCÊ PRECISA

 ## AFINADOR
DE VIOLÃO

Não precisa comprar um afinador de violão se seu violão tiver um afinador incorporado.

O afinador de pinça é o mais fácil de usar, especialmente se você for um iniciante.

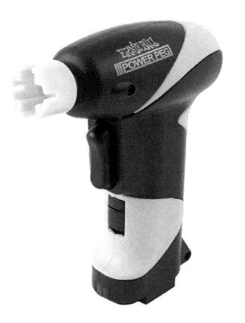

Transpositor

Encordoador

 # SACO PARA VIOLÃO

Garanta que corre o fecho na lateral do topo até à base.

É muito mais fácil colocar e retirar seu violão deste tipo de saco. Além disso, será melhor se o saco estiver bem acolchoado.

Palheta
De Violão

COMO AFINAR
SEU VIOLÃO

Os afinadores de violão podem ser difíceis de usar quando estamos no começo. Uma vez que processam ondas de som, você terá de escolher uma corda para o acionar. Em seguida, você terá de continuar a tocar a corda para manter a resposta... e rodar a tarraxa ao mesmo tempo que afina a corda.

Os afinadores de violão processam apenas um som de cada vez. Se detectar mais do que um som para processar, ficará confuso.

Os afinadores de pinça irão resolver todos esses problemas instantaneamente. São os afinadores mais práticos porque funcionam apenas quando estão fixados na cabeça do violão. Assim, eles detectam apenas os sons do violão e nada mais. Você pode mesmo utilizar este tipo de afinador em ambientes barulhentos ou lotados.

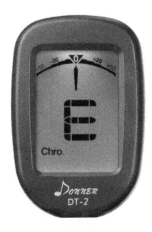

Afinado

🎸 CORDA	NOTA
6.ª	E (MI)
5.ª	A (LÁ)
4.ª	D (RÉ)
3.ª	G (SOL)
2.ª	B (SI)
1.ª	E (MI)

Não basta centrar a agulha ou obter uma luz verde. A nota no afinador deve coincidir com a corda que você está afinando. Por vezes, as cordas precisam ser afinadas mais do que uma vez. Depois de as afinar, é boa ideia as tocar um pouco para se ajustarem. Em seguida, volte a afinar as cordas e está pronto para tocar.

PROGRAMA
DE TREINO

LIÇÃO
01

- MI LÁ RÉ SOL SI MI - **17**

- AFINAR O VIOLÃO - **16**

- RELER COMO NÃO
  TOCAR VIOLÃO - **8**

LIÇÃO
02

- COMECE COM PERFEIÇÃO

- COMO SEGURAR NUMA PALHETA

- COMO POSICIONAR A MÃO QUE TOCA OS ACORDES

COMECE COM PERFEIÇÃO

Sua postura tem um impacto enorme na rapidez com que você aprende a tocar violão. Negligencie esse ponto de partida vital e será muito mais difícil para você aprender a tocar.

Alguns minutos são suficientes para aprender, mas irá aumentar consideravelmente as suas chances de sucesso.

E se você aprender a segurar na palheta corretamente desde o início, será muito mais fácil aprender os ritmos.

Segurar em uma palheta de violão corretamente

O violão fica apoiado na perna que fica do lado da mão
que produz o ritmo

Pode manter o braço do violão com uma inclinação de cerca do comprimento do antebraço. Assim, a mão fica na sua frente, o mesmo que virar uma chave numa porta. Isso facilita imenso a troca entre acordes, e ajuda a liberar a sua capacidade natural.

Além disso, a parte superior do violão está inclinada em sua direção. Agora você pode ver facilmente as seis cordas.

COMO SEGURAR NUMA PALHETA DE VIOLÃO

Algumas pessoas não gostam de utilizar palheta de violão. Elas dizem que lhes desliza dos dedos assim que começam a tocar.

Contudo, na realidade, são os dedos que perdem a posição porque não estão segurando na palheta da maneira correta.

A técnica de aprendizado que se encontra na página seguinte ensina você a segurar corretamente na palheta.

Palheta de violão

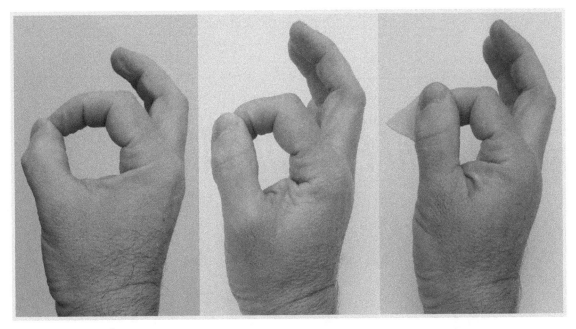

Faça um
círculo

Deslize o dedo para
baixo do polegar

Acrescente a palheta
de violão

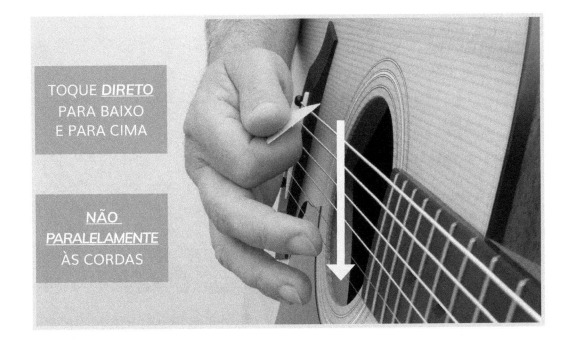

TOQUE **DIRETO**
PARA BAIXO
E PARA CIMA

NÃO
PARALELAMENTE
ÀS CORDAS

COMO POSICIONAR
A MÃO QUE TOCA
OS ACORDES

Esta é a melhor maneira e a maneira mais simples de posicionar sempre a mão que toca os acordes:

1 Incline o violão

2 Posicione o polegar

3 Depois posicione os dedos

Essa abordagem simples facilita imenso o aprendizado dos acordes de violão.

E é também mais fácil acelerar a mudança de acordes, que é o grande segredo para tocar violão.

Polegar primeiro - Depois os dedos

INCLINE O VIOLÃO

Se inclinar a guitarra, você poderá Ao inclinar o violão você poderá aprender os acordes muito mais facilmente. Agora, o violão está fazendo parte do trabalho por você. Também ajuda a produzir um som bonito.

POSICIONE O POLEGAR

1. Polegar por cima para os acordes abertos

2. Polegar em baixo e centrado para acordes com pestana

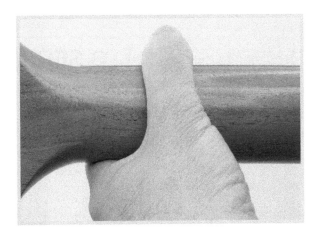

POSICIONE OS DEDOS

A abordagem simples de 3 passos é tecnicamente perfeita e é adotada exatamente pelos melhores guitarristas.

Ela pode ajudar você a alcançar em poucas semanas aquilo que muitas pessoas demoram anos a aprender.

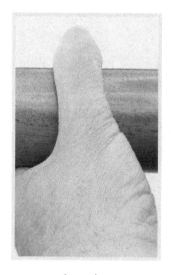

Acordes
abertos

Acordes
com pestana

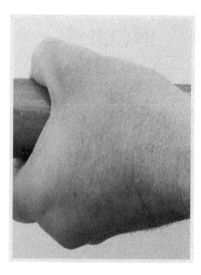

Outros
acordes

 # O SEGREDO

Esse é um dos grande segredo para tocar violão. De fato, sem ele, nada é possível.

Se assistir a qualquer bom guitarrista em qualquer estilo musical e em qualquer parte do mundo, você poderá ver *"O Triângulo Do Violão"*.

- Dá espaço para os dedos se moverem

- Permite que você toque com as pontas dos dedos

- Evita que as articulações dos dedos desçam

- Facilita a troca de acordes

Acordes abertos

LIÇÃO
03

- COMO LER DIAGRAMAS DE ACORDES

- A MELHOR MANEIRA DE APRENDER OS ACORDES

- 15 ACORDES DE VIOLÃO SIMPLES

COMO LER DIAGRAMAS
DE ACORDES

Os diagramas de acordes são incrivelmente úteis se você for um guitarrista experiente. Mas como só mostram a parte frontal do braço do violão, não são adequados para a maioria dos iniciantes.

Contudo, se você estiver agora começando, o segredo está em combinar **"A Abordagem De 3 Passos"** (Página 25) com o diagrama de acordes.

Agora são muito mais fáceis de seguir - e permitem que você economize tempo.

P — Polegar

1 — 1º Dedo / Indicador

2 — 2º Dedo / Médio

3 — 3º Dedo / Anelar

4 — 4º Dedo / Mindinho

A corda
NÃO soa.

P

6.ª Corda

2

1

X

1.ª Corda

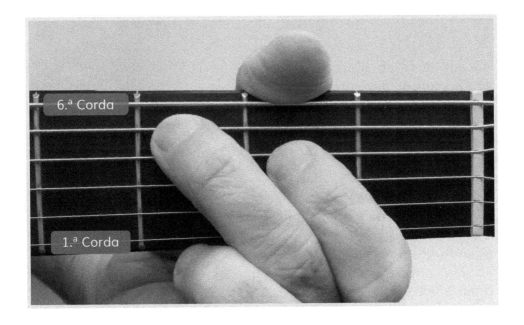

A MELHOR MANEIRA DE APRENDER OS ACORDES

A melhor forma de aprender os acordes de violão é praticar os acordes em uma sequência de 3 ou 4 acordes de cada vez. E apenas com a mão que toca os acordes. Depois de saber os acordes, você poderá acrescentar a mão que produz o ritmo.

Além de aprender novos acordes, isso irá ajudar você a acelerar suas mudanças entre acordes (o pouco entre eles). Quer seja iniciante ou profissional, Ré é Ré e Sol é Sol. Mas os profissionais são muito mais rápidos entre os acordes.

Vista do guitarrista

15 ACORDES DE VIOLÃO SIMPLES

TABELA DE CIFRAS

Para saber como ler acordes, as cifras são um sistema importante no aprendizado.

As cifras são letras que usamos para representar os nomes dos acordes. Veja na tabela à direita:

A – Lá

B – Si

C – Dó

D – Ré

E – Mi

F – Fá

G – Sol

Em (MI menor)

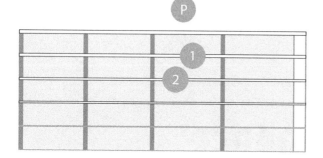

Cmaj7 (DÓ maior de 7.ª)

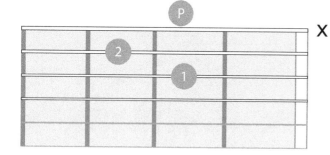

X

G6 (SOL de 6.ª)

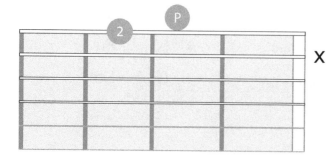

X

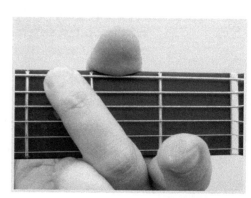

F# (FÁ#) *FÁCIL*

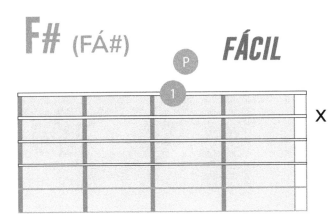

X

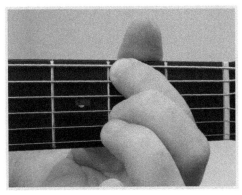

A2 (LÁ de 2.ª)

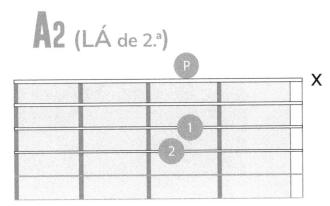

X

G (SOL) *FÁCIL*

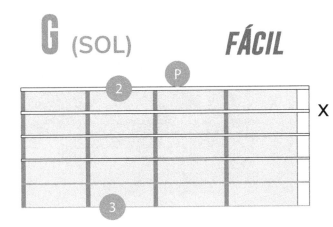

X

D2 (RÉ de 2.ª)

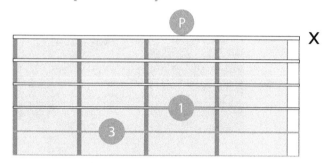

DMAJ9 (RÉ maior de 9.ª)

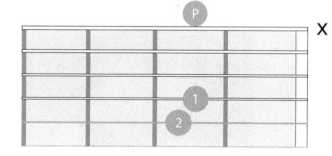

FMAJ7 (FÁ maior de 7.ª)

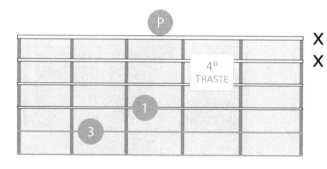

EM7 (MI menor de 7.ª)

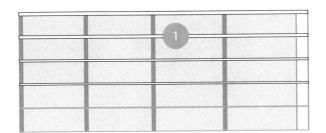

E7 (MI de 7.ª)

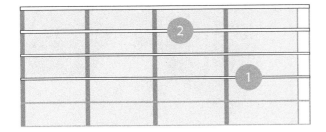

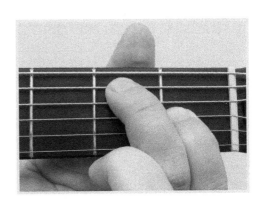

AM7 (LÁ menor de 7.ª)

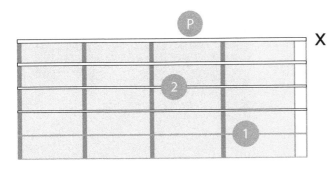

D7SUS2 (RÉ de 7.ª suspenso de 2.ª)

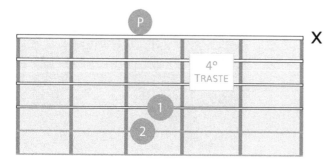

4º TRASTE

D/E (RÉ com baixo em MI)

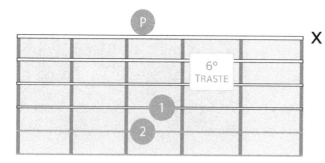

6º TRASTE

AMAJ7 (LÁ maior de 7.ª)

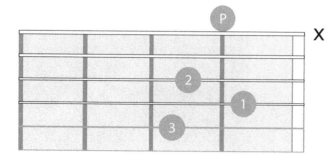

EXERCÍCIO PARA TOCAR 1

Repita esta sequência de acordes

EM (MI menor) - 32

CMAJ7 (DÓ maior de 7.ª) - 32

G6 (SOL de 6.ª) - 32

F# (FÁ#) - 33

EXEMPLO DE MÚSICA

Zombie - The Cranberries

PROGRAMA
DE TREINO

LIÇÃO
03

- AFINAR O VIOLÃO - **16**

- SEGURAR EM UMA
  PALHETA DE VIOLÃO - **23**

- 2 ACORDES NOVOS - **32-36**

- EXERCÍCIO PARA TOCAR - **37**

LIÇÃO

04

- COMO TOCAR
  VIOLÃO RÍTMICO

- COMO ENCADEAR
  RITMOS DE VIOLÃO

- 6 RITMOS POPULARES
  DE VIOLÃO

COMO TOCAR
VIOLÃO
RITMICO

A maneira mais rápida de dominar ritmos de violão consiste em bloquear as cordas com a mão que toca os acordes. Agora não tem a pressão de tentar tocar uma canção ao mesmo tempo.

Tocar sobre o buraco de ressonância proporciona um som mais suave. E como as cordas tendem a dobrar mais facilmente, é menos provável que a palheta deslize.

Alguns guitarristas simplesmente não utilizam palheta. Em vez disso, eles passam o polegar pelas cordas (para baixo) e com o 1.º dedo (para cima), ou o primeiro dedo apenas para cima e para baixo.

Silencie as cordas

TOQUE A PARTIR DOS OMBROS

↓ Tocar Para Baixo
Tocar As Cordas

↓ Tocar Para Baixo
Não Tocar As Cordas

↑ Tocar Para Cima
Tocar As Cordas

↑ Tocar Para Cima
Não Tocar As Cordas

PALHETADA PARA BAIXO

Palheta apontada para *CIMA*
Toque as 6 cordas ou menos

PALHETADA PARA CIMA

Palheta apontada para *BAIXO*
Toque as 4 cordas inferiores
ou menos

COMO ENCADEAR
RITMOS
DE VIOLÃO

Para tocar dentro do tempo você terá de Encadear os seus ritmos com suavidade. Essa é a chave para obter uma boa sonoridade e um ritmo perfeito. Embora existam milhares de ritmos com sonoridades diferentes, todos eles seguem o mesmo padrão. Aqui está:

Baixo

Cima

Baixo

Cima

Setas PRETAS -
Tocar Nas Cordas

Setas CINZENTAS -
Não Tocar Nas Cordas

Quando uma música começa, consegue sentir como tudo está encadeado? Não começa e para, começa e para. Para fazer isso no violão, sua mão deve seguir um movimento contínuo que vai de baixo para cima, baixo para cima.

Em muitas aulas de violão, o professor irá dizer para tocar para baixo várias vezes. Muitas pessoas consideram esta opção muito confusa. Se tocar quatro vezes seguidas para baixo, minha mão vai bater no chão.

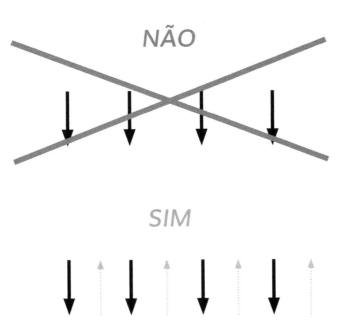

Para tocar quatro vezes para baixo:

- Também deve fazer movimentos ascendentes entre ele
- Movimenta continuamente sua mão / pulso para cima e para baixo
- Mas a plateia irá ouvir apenas as setas pretas

6 RITMOS POPULARES DE VIOLÃO

RITMO 1

RITMO 2

RITMO 3

RITMO 4

RITMO 5

RITMO 6

PROGRAMA
DE TREINO

LIÇÃO
04

- AFINAR O VIOLÃO - **16**

- EXERCÍCIO PARA TOCAR - **37**

- RITMOS DE VIOLÃO - **44-45**

- 2 ACORDES NOVOS - **32-36**

LIÇÃO
05

- 2 ACORDES NOVOS

- COMO TROCAR RAPIDAMENTE DE ACORDES

EM (MI menor)

- O polegar não toca na 6.º corda
- Também pode ser tocado com o 1.º e o 2.º dedos
- Toque as 6 cordas - Todas elas soam

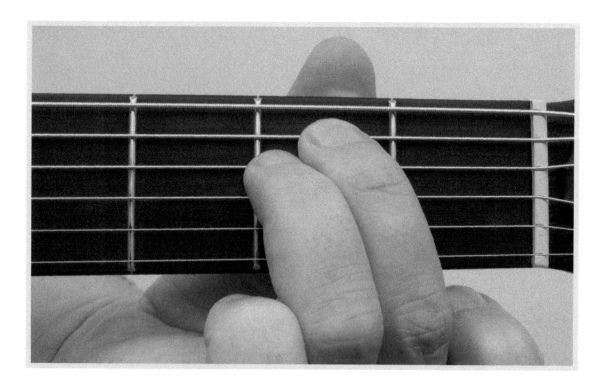

E7SUS4 (MI de 7.ª suspenso de 4.ª)

P

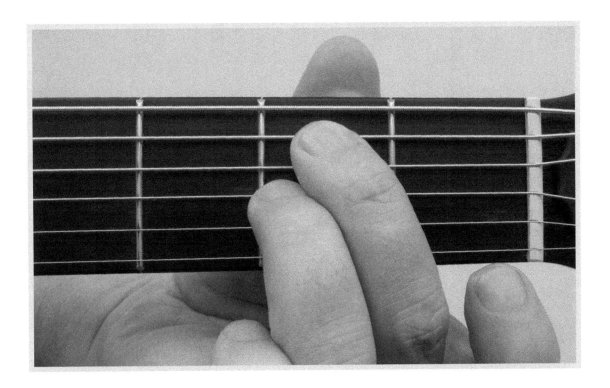

- O polegar não toca na 6.º corda
- Também pode ser tocado com o 1.º e o 2.º dedos
- Toque as 6 cordas - Todas elas soam

COMO TROCAR
RAPIDAMENTE
DE ACORDES

Quando um dedo está na mesma posição para uma sequência de dois ou mais acordes, você não precisa de o mover.

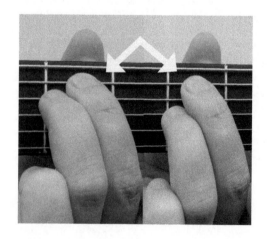

Ele se chama de dedo pivô. Mantenha o dedo pressionando a corda e troque os outros em seu redor.

A maioria dos acordes fáceis tem um dedo pivô. Os mais difíceis não. Aprender a tocar violão é muito mais fácil se você praticar primeiro as trocas dos dedos pivô.

🎸 DICA

Para executar uma boa troca entre acordes, comece por mover os dedos na direção do acorde novo, durante a última palhetada ascendente do acorde atual (MI menor de 7.ª).

Se não o fizer, será produzida uma sonoridade turva no início do acorde seguinte que toca.

Execute bem o movimento e duas coisas acontecem:

1. A troca entre acordes é mais simples

2. O som produzido é muito mais limpo

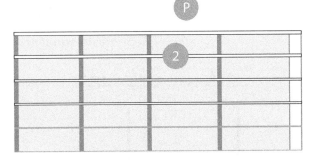

Levante o 3.º dedo

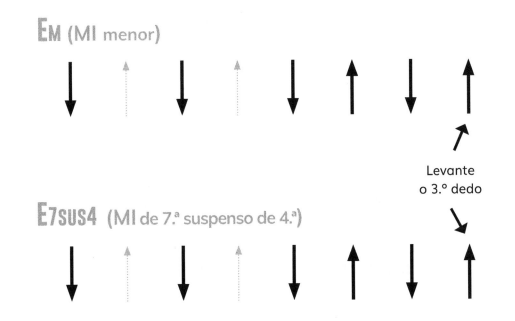

EXERCÍCIO PARA TOCAR 2

Repita esta sequência de acordes

Em (MI menor) - 48

E7sus4 (MI de 7.ª suspenso de 4.ª) - 49

Em (MI menor)

E7sus4 (MI de 7.ª suspenso de 4.ª)

 # EXEMPLO DE MÚSICA

A Horse With No Name - America

E (MI)

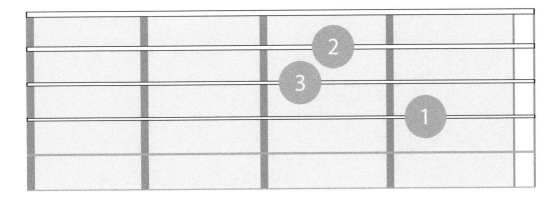

- O polegar não toca na 6.ª corda
- 1.º dedo no canto do traste
- Toque as 6 cordas - Todas elas soam

PROGRAMA
DE TREINO

LIÇÃO

05

LIÇÃO

06

- O EXERCÍCIO ARANHA

- COMO USAR
  UM TRANSPOSITOR

- 2 ACORDES NOVOS

- 4 MUDANÇAS DE
  ACORDES SIMPLES

O EXERCÍCIO ARANHA

Se você está agora começando, seus dedos estão demasiado macios para produzir um som limpo. Os dedos demoram cerca de três semanas a endurecer. Em segundo lugar, você deverá ter quatro dedos bem treinados. Este exercício irá ajudar você a melhorar rapidamente suas capacidades e a fortalecer todos os seus dedos.

Você utiliza diariamente o polegar e os primeiros dois dedos na maioria das suas atividades. O 3.º e o 4.º dedos são pouco utilizados, exceto para escrever em teclados ou tocar piano. Mesmo nesses casos, os dedos pressionam as teclas apenas ligeiramente. Fazer pressão nas cordas de um violão é muito mais exigente para os quatro dedos.

PASSO 1

Mova o 1.º dedo para a
5.ª corda no 1.º traste

 # PASSO 2

Mova o 2.º dedo para a
5.ª corda no 2.º traste

 # PASSO 3

Mova o 3.º dedo para a
5.ª corda no 3.º traste

 # PASSO 4

Mova o 4.º dedo para a
5.ª corda no 4.º traste

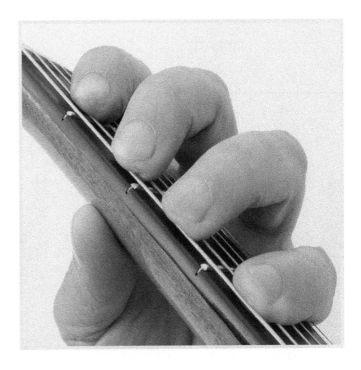

- Coloque os quatro dedos na 6.ª corda
- Um dedo em cada traste
- Mova um dedo de cada vez

Será bastante difícil mover o terceiro dedo sozinho. Porque ele ainda está demasiado fraco para tocar violão. Poderá ter de usar a outra mão para o mover.

Sempre que você fizer este exercício, você estará mais perto de tocar violão muito bem.

1

2

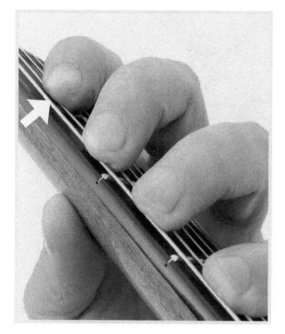

Mova o 1.º dedo

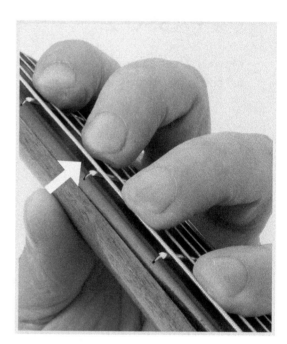

Mova o 2.º dedo

 ## TENSÃO MUSCULAR

Sente alguma tensão muscular durante este exercício? Não se preocupe. É bastante normal. Descanse a mão até se sentir preparado para recomeçar. Quando a mão ficar forte, ela deixará de ficar tensa.

Este exercício expõe qualquer fraqueza que tenha na mão e nos dedos que tocam os acordes. Mas esta é também a solução.

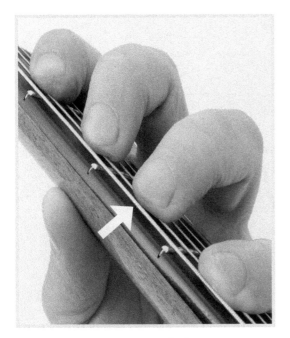

Mova o 3.º dedo

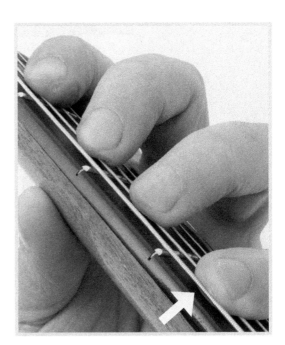

Mova o 4.º dedo

- Quando terminar, você pode praticar o exercício de baixo para cima, um dedo de cada vez.

- Comece por subir o 1.º dedo uma corda, depois suba o 2.º dedo uma corda, depois o 3.º e assim por diante.

- Continue até os quatro dedos regressarem à sexta corda. Vai achar muito mais fácil subir pelas cordas.

COMO USAR UM
TRANSPOSITOR

Você pode colocar o transpositor até dez trastes. Embora toque os acordes nas mesmas posições, o conjunto de sons produzidos para cada traste onde está colocado o transpositor é diferente.

Além disso, o violão deve ser ajustado à voz do vocalista, a fim de reter sua qualidade.

Se uma música se ajustar à sua voz, ótimo. Se não se ajustar, experimente colocar um transpositor no 1.º traste.

Agora basta tocar novamente a mesma sequência de acordes e a música está em um tom mais alto.

Se essa posição se ajustar à sua voz, ótimo. Se não, você pode mover o transpositor para cima ou para baixo o número de trastes adequados à sua voz.

Transpositor no 1.º traste

Transpositor no 4.º traste

EXERCÍCIO PARA TOCAR 3

Repita esta sequência de acordes

TRANSPOSITOR NO 1.º TRASTE

G6 (SOL de 6.ª) - 32

G6 (SOL de 6.ª)

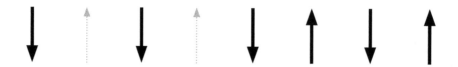

CMAJ7 (DÓ maior de 7.ª) - 32

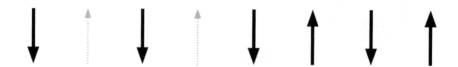

CMAJ7 (DÓ maior de 7.ª)

 # EXEMPLO DE MÚSICA

Waiting In Vain - Bob Marley

G (SOL) FÁCIL

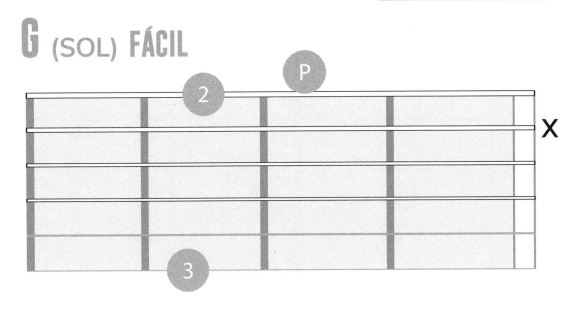

- O polegar pode tocar na 6.ª corda
- 5.ª corda silenciada pela parte interior do 2.º dedo
- Toque as 6 cordas - Apenas 5 soam

Asus2 (LÁ suspenso de 2.ª)

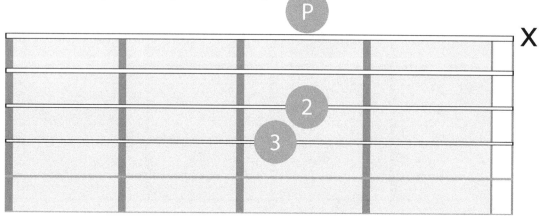

- Polegar tocando na 6.ª corda
- 3.º dedo no canto do traste
- Toque as 6 cordas - Apenas 5 soam

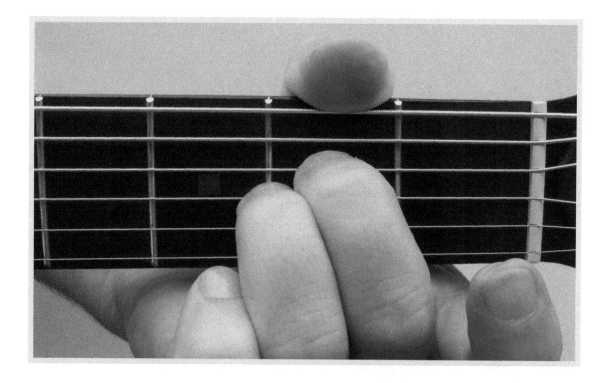

EXERCÍCIO PARA TOCAR 4

Repita esta sequência de acordes

Em (MI menor) - 32

G (SOL) - 63

D (RÉ) - 84

Asus2 (LÁ suspenso de 2.ª) - 64

EXEMPLO DE MÚSICA

Mad World - Tears For Fears

PROGRAMA
DE TREINO

LIÇÃO
06

- EXERCÍCIO DE DEDOS - **57**

- MUDANÇA DE ACORDES - **51**

- RITMOS DE VIOLÃO - **44-45**

- EXERCÍCIOS PARA TOCAR - **62-65**

LIÇÃO

07

- MAIS MUDANÇAS DE ACORDES SIMPLES

- 3 ACORDES NOVOS

- 2 EXERCÍCIOS PARA TOCAR

MAIS MUDANÇAS
DE ACORDES
SIMPLES

Como você viu anteriormente, aprender pelo menos dois acordes de cada vez aumenta significativamente sua velocidade de progresso.

A verdadeira arte da mão que toca os acordes não são os acordes que você toca. É aquilo que acontece entre eles.

Para os 3 acordes seguintes, o 1.º dedo se mantém na mesma posição. Lá menor para Ré de 7.ª para Fá maior de 7.ª. Uma vez mais, você não precisa de o mover quando muda de acorde.

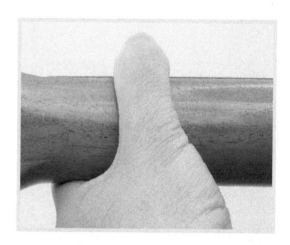

Os seguintes 3 acordes - Polegar por cima

AM (LÁ menor)

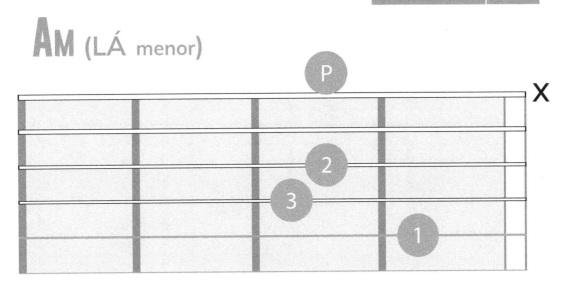

- Polegar tocando na 6.ª corda
- 1.º dedo no canto do traste
- Toque as 6 cordas - Apenas 5 soam

D7 (RÉ de 7.ª)

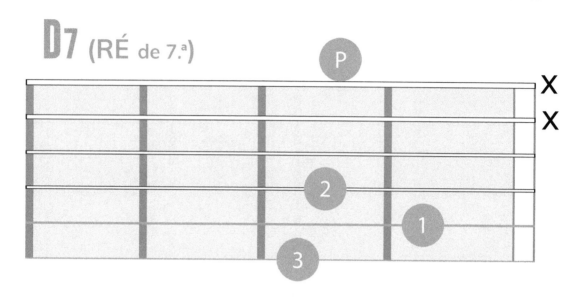

- Polegar tocando na 6.ª corda
- 1.º dedo no canto do traste
- Toque as 4 cordas inferiores

FMAJ7 (FÁ maior de 7.ª)

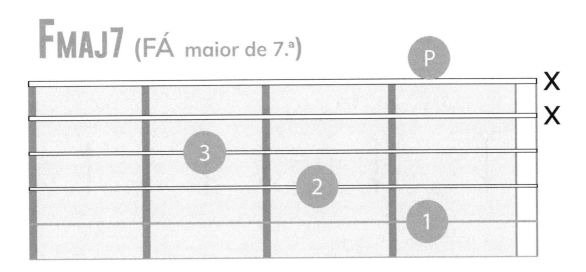

- Polegar tocando na 6.ª corda
- 1.º dedo no canto do traste
- Toque as 4 cordas inferiores

EXERCÍCIO PARA TOCAR 5

TRANSPOSITOR NO 2.º TRASTE

AM (LÁ menor) - 69

D7 (RÉ de 7.ª) - 70

FMAJ7 (FÁ maior de 7.ª) - 71

EM (MI menor) - 48

 ## DICAS PARA TOCAR

De LÁ menor para RÉ de 7.ª para

FÁ maior de 7.ª - Não mova o 1.º dedo

MI menor - Levante o polegar

 ## EXEMPLO DE MÚSICA

Jammin - Bob Marley

EXERCÍCIO PARA TOCAR 6

TRANSPOSITOR NO 5.º TRASTE

Aм (LÁ menor) - 69   **G** (SOL) - 63

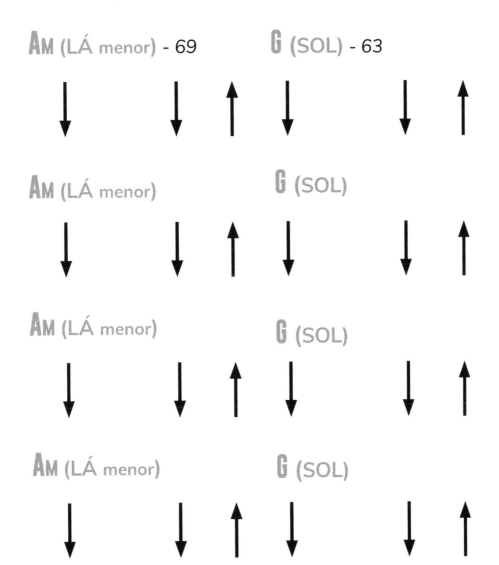

Aм (LÁ menor)   **G** (SOL)

Aм (LÁ menor)   **G** (SOL)

Aм (LÁ menor)   **G** (SOL)

 ## EXEMPLO DE MÚSICA

Somebody that I used to know - Gotye

PROGRAMA DE TREINO

LIÇÃO
07

LIÇÃO
08

- COMO TEMPORIZAR OS RITMOS DE VIOLÃO

- 4 ACORDES NOVOS

- MAIS MUDANÇAS DE ACORDES SIMPLES

COMO TEMPORIZAR
OS RITMOS
DE VIOLÃO

1. Você pode colocar a tocar uma música lenta que conhece bem?

2. Enquanto a música toca, pegue no violão e silencie as cordas com a mão que toca os acordes. Conte **1** 2 3 4

3. Conte 1 2 3 4 -- 1 2 3 4.

4. Se não funcionar, escolha outra música lenta até conseguir ouvir com clareza 1 2 3 4 -- 1 2 3 4.

5. Comece tocando suavemente as cordas para cima e para baixo até acompanhar o ritmo da música.

Muito Importante - Uma boa pega

A mão que toca os acordes mantém as cordas silenciadas enquanto toca. É muito mais fácil manter o ritmo quando você não está sob a pressão adicional de tocar as cordas ao mesmo tempo.

Eventualmente você acabará por encontrar um ritmo que se ajuste a qualquer música que queira tocar. Poderá não ser exatamente igual mas o ritmo será o correto. Além disso, você irá começar desenvolvendo seu próprio estilo.

RITMO 1

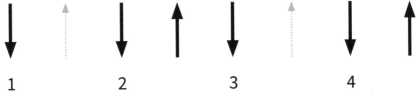

RITMO 2

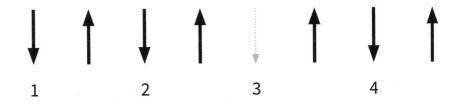

RITMO 3

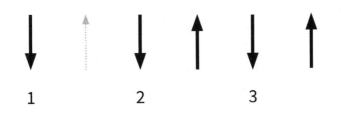

C (DÓ)

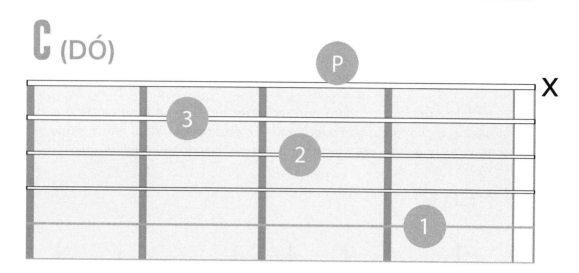

- Polegar tocando na 6.ª corda
- 1.º dedo no canto do traste
- Toque as 6 cordas - Apenas 5 soam

A (LÁ)

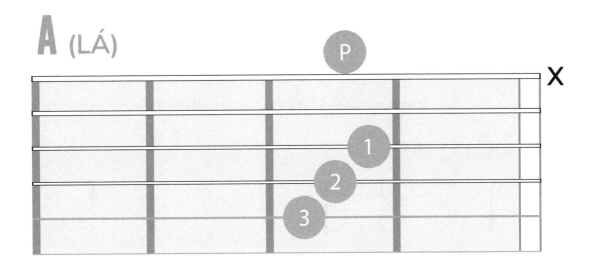

- Polegar tocando na 6.ª corda
- Aperte os 3 dedos
- Toque as 6 cordas - Apenas 5 soam

EXERCÍCIO PARA TOCAR 7

Repita esta sequência de acordes

TRANSPOSITOR NO 2.º TRASTE

G (SOL) - 63

G (SOL)

AM (LÁ menor) - 69

AM (LÁ menor)

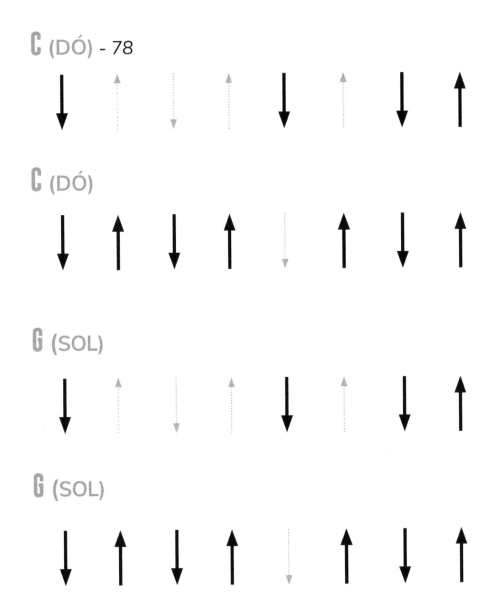

C (DÓ) - 78

C (DÓ)

G (SOL)

G (SOL)

 ## DICA PARA TOCAR

De LÁ menor para DÓ - Nao mova o 1.º ou o 2.º dedo

 ## EXEMPLO DE MÚSICAS

What's Up - 4 Non Blondes

EXERCÍCIO PARA TOCAR 8

Repita esta sequência de acordes

C (DÓ) - 78

C (DÓ)

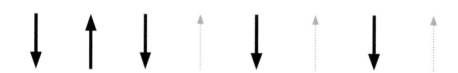

AM (LÁ menor) - 69

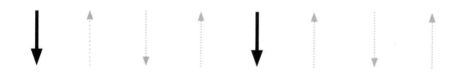

AM (LÁ menor)

FMAJ7 (FÁ maior de 7.ª) - 71

FMAJ7 (FÁ maior de 7.ª)

C (DÓ)

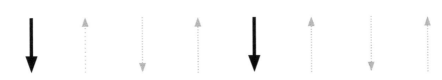

C (DÓ)

DICA PARA TOCAR

De DÓ para LÁ menor para FÁ maior de 7.ª Não mova o 1.º dedo

EXEMPLO DE MÚSICA

One - U2

D (RÉ)

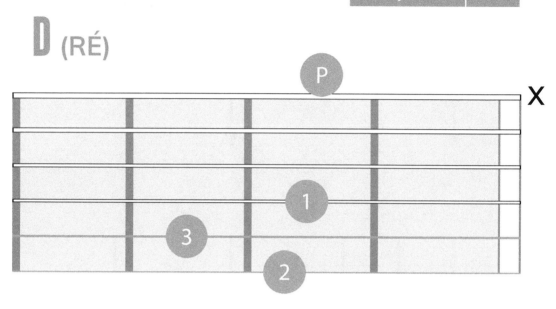

- Polegar tocando na 6.ª corda
- 3.º dedo no centro do traste
- Toque as 6 cordas - Apenas 5 soam

A7SUS4 (LÁ de 7.ª suspenso de 4.ª)

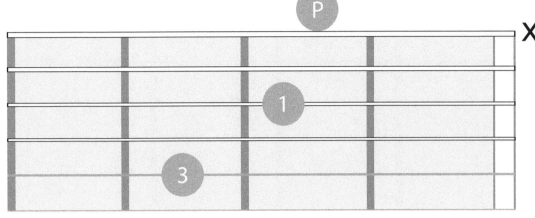

- Polegar tocando na 6.ª corda
- 3.º dedo no centro do traste
- Toque as 6 cordas - Apenas 5 soam

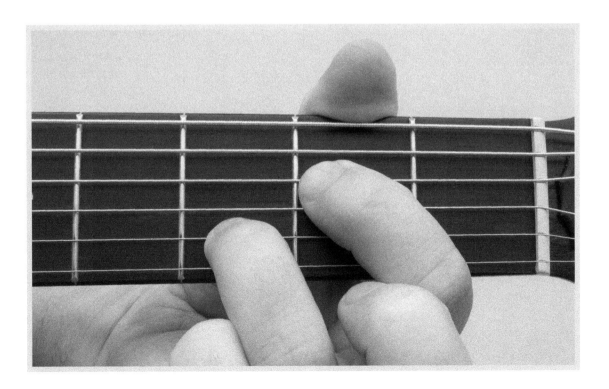

CADD9 (DÓ de 9.ª adicionada)

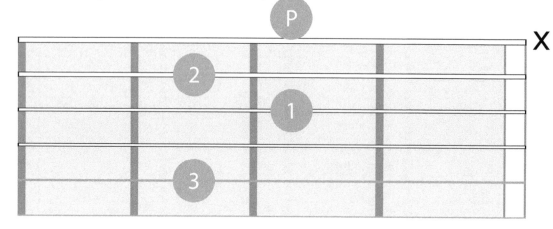

- Polegar tocando na 6.ª corda
- 3.º dedo no centro do traste
- Toque as 6 cordas - Apenas 5 soam

G (SOL)

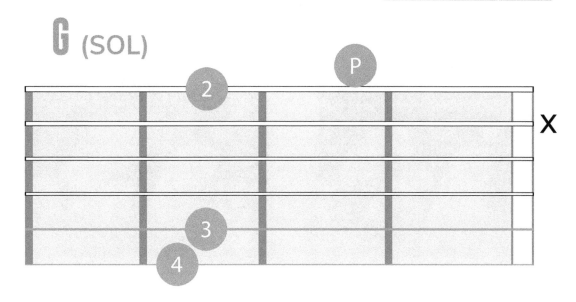

- O polegar pode ou não tocar na 6.ª corda
- 5.ª corda silenciada pela parte interior do 2.º dedo
- Toque as 6 cordas - Apenas 5 soam

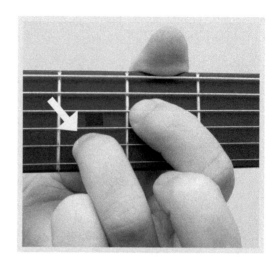

DICAS PARA TOCAR

Pode tocar dezenas de milhares de músicas no violão sem mover o polegar, o 3.º dedo ou o triângulo.

Esta mantém seus dedos próximos das cordas e a troca entre acordes é feita muito mais rapidamente.

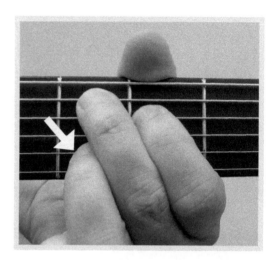

Se você observar atentamente todos estes acordes, verá que:

1. O 3.º dedo permanece no mesmo lugar em todos eles

2. O 3.º dedo permanece constantemente pressionado contra a corda

3. O Triângulo Do Violão

4. Os 1.º e 2.º dedos fazem a maior parte da mudança. Suas mãos ficam praticamente imóveis.

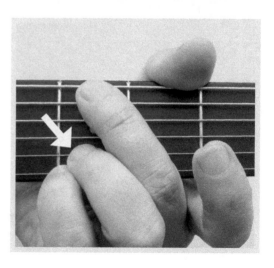

EXERCÍCIO PARA TOCAR 9

Repita esta sequência de acordes

TRANSPOSITOR NO 3.º TRASTE

D (RÉ) - 84

G (SOL) - 87

Deixar o acorde SOL tocar

G (SOL)   **D** (RÉ)

A7SUS4 (LÁ de 7.ª suspenso de 4.ª) - 85

Deixar o acorde LÁ de 7.ª
suspenso de 4.ª tocar

 # DICA PARA TOCAR

Ao mudar, não mova

1. O polegar

2. O 3.º dedo

3. O triângulo

 # EXEMPLO DE MÚSICA

Free Falling - Tom Petty

PROGRAMA DE TREINO

LIÇÃO 08

- EXERCÍCIO DE DEDOS - **57**

- RITMOS DE VIOLÃO - **44-45**

- DICAS PARA TOCAR - **88**

- EXERCÍCIOS PARA TOCAR - **80-83**

LIÇÃO

09

- 2 ACORDES NOVOS

- 5 SEQUÊNCIAS DE ACORDES POPULARES

- COMO LER TABLATURA DE VIOLÃO

Asus4 (LÁ suspenso de 4.ª)

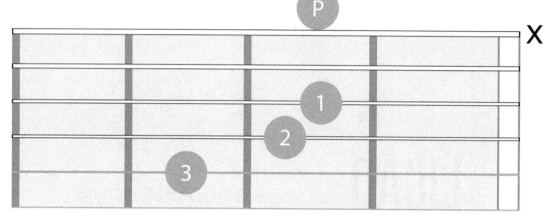

- Polegar tocando na 6.ª corda
- 3.º dedo no centro do traste
- Toque as 6 cordas - Apenas 5 soam

AM7 (LÁ menor de 7.ª)

- Polegar tocando na 6.ª corda
- 1.º dedo no canto do traste
- Toque as 6 cordas - Apenas 5 soam

EXERCÍCIO PARA TOCAR 10

Repita esta sequência de acordes

TOCAR RÁPIDO

D (RÉ) - 84

Cadd9 (DÓ de 9.ª adicionada) - 86

G (SOL) - 87

G (SOL)

 ## DICA PARA TOCAR

Não mova o 3.º dedo

 ## EXEMPLO DE MÚSICA

Sweet Home Alabama

EXERCÍCIO PARA TOCAR 11

Repita esta sequência de acordes

TRANSPOSITOR NO 2.º TRASTE

A (LÁ) - 79

D (RÉ) - 84

G (SOL) - 87

Em (MI menor) - 32

EXEMPLO DE MÚSICA

Pride - U2

 **EXERCÍCIO PARA TOCAR 12**

Repita esta sequência de acordes

G (SOL) - 87

D (RÉ) - 84

Cadd9 (DÓ de 9.ª adicionada) - 86

Cadd9 (DÓ de 9.ª adicionada)

 EXEMPLO DE MÚSICA

Knocking On Heavens Door
Bob Dylan

EXERCÍCIO PARA TOCAR 13

Repita esta sequência de acordes

TRANSPOSITOR NO 1.º TRASTE

G (SOL) - 87

D (RÉ) - 84

AM7 (LÁ menor de 7.ª) - 93

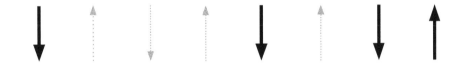

AM7 (LÁ menor de 7.ª)

 # EXEMPLO DE MÚSICA

Rise - Gabrielle

EXERCÍCIO PARA TOCAR 14

Repita esta sequência de acordes

D (RÉ) - 84

D (RÉ)

Asus4 (LÁ suspenso de 4.ª) - 92

Asus4 (LÁ suspenso de 4.ª)

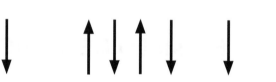

CADD9 (DÓ de 9.ª adicionada) - 86

CADD9 (DÓ de 9.ª adicionada)

G (SOL) - 87

G (SOL)

 DICA PARA TOCAR

Não mova o 3.º dedo

 **EXEMPLO DE MÚSICA**

Linger - The Cranberries

COMO LER TABLATURA DE VIOLÃO

As tablaturas de violão são muito fáceis de aprender. As seis linhas horizontais representam as seis cordas da guitarra. Os número são os trastes a tocar. 0 = Corda solta. 2 = 2.º traste.

Se os números estiverem escritos uns a seguir aos outros, você terá de tocar nas cordas uma de cada vez (depois de tocar o acorde). Se os números estiverem em cima uns dos outros, você toca todas as cordas ao mesmo tempo (tocar).

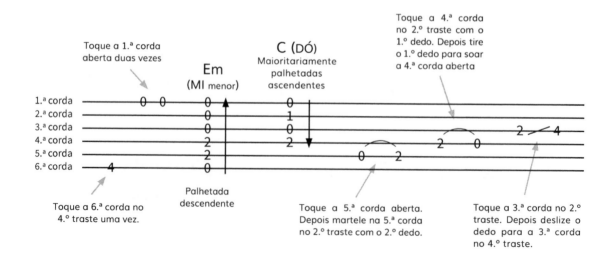

Toque a 1.ª corda aberta duas vezes

Em (MI menor)

C (DÓ) Maioritariamente palhetadas ascendentes

Toque a 4.ª corda no 2.º traste com o 1.º dedo. Depois tire o 1.º dedo para soar a 4.ª corda aberta

Toque a 6.ª corda no 4.º traste uma vez.

Palhetada descendente

Toque a 5.ª corda aberta. Depois martele na 5.ª corda no 2.º traste com o 2.º dedo.

Toque a 3.ª corda no 2.º traste. Depois deslize o dedo para a 3.ª corda no 4.º traste.

EXERCÍCIO PARA TOCAR

D (RÉ) - 84   G (SOL) - 87

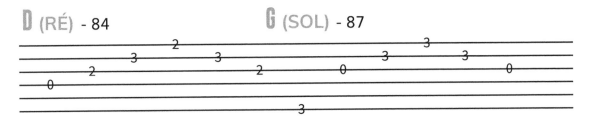

COMO CONVERTER PARTITURAS EM TABLATURAS DE VIOLÃO

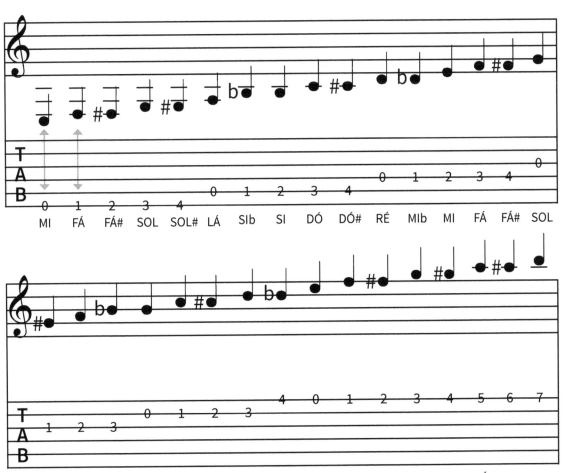

PROGRAMA
DE TREINO

LIÇÃO
09

- EXERCÍCIO DE DEDOS - **57**

- EXERCÍCIOS PARA TOCAR - **80-83**

- DICAS PARA TOCAR - **88**

- EXERCÍCIOS PARA TOCAR - **94-99**

LIÇÃO 10

- COMO TOCAR VIOLÃO FINGERSTYLE

- 6 ESTILOS DE DEDOS POPULARES

- OS 50 ACORDES DE VIOLÃO MAIS TOCADOS

COMO TOCAR
VIOLÃO
FINGERSTYLE

Os guitarristas competentes tocam por intuição sem olhar para a mão. Eles o fazem tocando a partir de um ponto de referência.

Muitos apoiam ligeiramente a mão nos pinos da ponte (imagem à direita).

Outros têm o 3.º ou 4.º dedo no violão (Página seguinte).

POLEGAR DOBRADO

NÓS DOS DEDOS LEVANTADOS

P

1

2

3

TOQUE A PARTIR DOS OMBROS

 ## DICAS PARA TOCAR

- Visualize uma bola em sua mão

- O polegar toca para baixo

- Os dedos tocam para cima

- O polegar toca um pouco mais alto do que os outros dedos

ROMANZA

Violão Fingerstyle

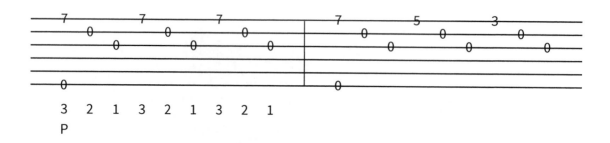

3 2 1 3 2 1 3 2 1
P

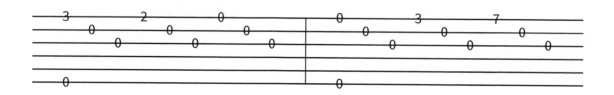

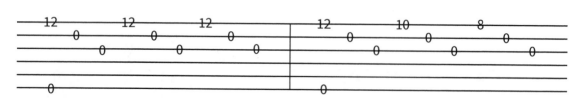

O 1.º dedo pressiona
3 cordas no 5.º traste.
4.º dedo no 8.º traste

1.º dedo
ainda pressiona
3 cordas

O polegar move-se
para a 5.ª corda

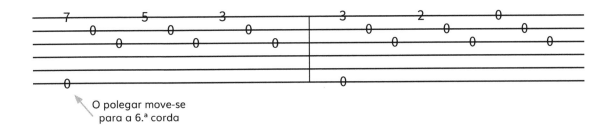

O polegar move-se
para a 6.ª corda

D7 (RÉ de 7.ª) - Página 70

A partir do Ré
de 7.ª, mova o
1.º dedo para
a 5.ª corda, 2.º
traste

Acrescente
o 4.º dedo

Levante
o 4.º dedo

O polegar move-se
para a 5.ª corda

Primeira vez apenas

AGORA VOLTE AO INÍCIO

Segunda vez

6 ESTILOS
DE DEDOS
POPULARES

Em (MI menor) - **48**

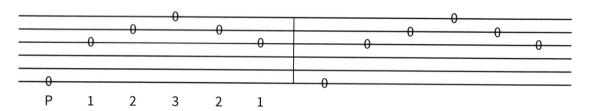

P   1   2   3   2   1

Am (LÁ menor) - **69**

P   1   2   1   T   1   2   1

Cmaj7 (DÓ maior de 7.ª) - **32**

P 1 2 3 P 1 2 3

Asus2 (LÁ suspenso de 2.ª) - **64**

P 3 1 P 2 1

Cmaj7 (DÓ maior de 7.ª) - **32**

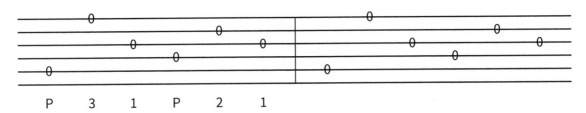

P 1 2 3 2 1 P 1

Am (LÁ menor) - **69**

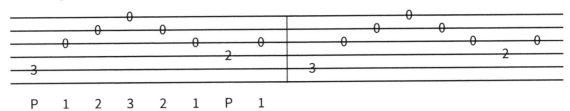

P 1 P 1 P 1 1
   P   P

OS 50 ACORDES DE VIOLÃO MAIS TOCADOS

A (LÁ)

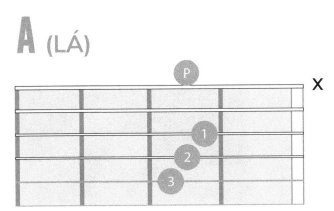

ASUS2 (LÁ suspenso de 2.ª)

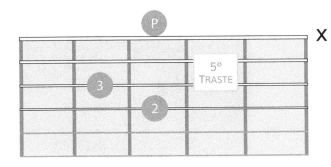

AMAJ7 (LÁ maior de 7.ª)

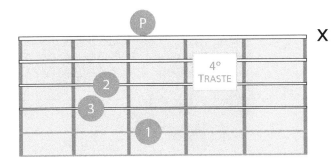

A7 (LÁ de 7.ª)

AM (LÁ menor)

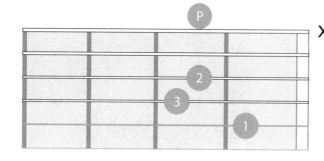

AM7 (LÁ menor de 7.ª)

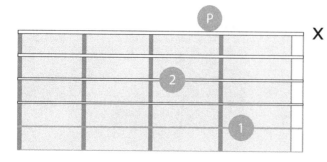

A/E (LÁ com baixo em MI)

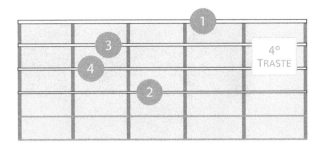

4°
TRASTE

B (SI)

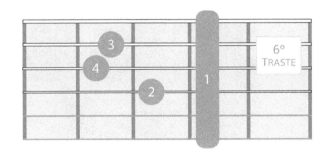

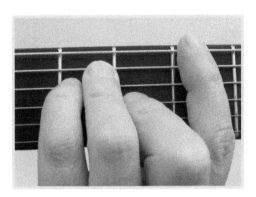

6°
TRASTE

B (SI) *MAIS FÁCIL*

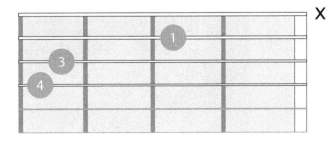

X

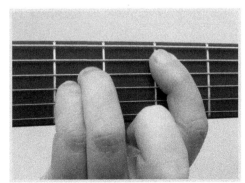

Bsus4 (SI suspenso de 4.ª)

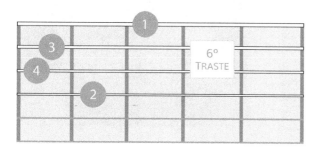

6º TRASTE

Bm (SI menor)

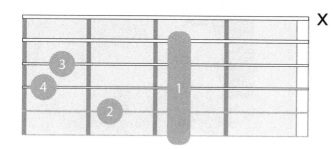

X

Bm (SI menor) *MAIS FÁCIL*

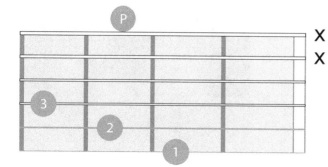

X
X

C (DÓ)

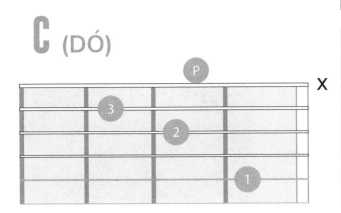

X

C (DÓ) *OUTRO MÉTODO*

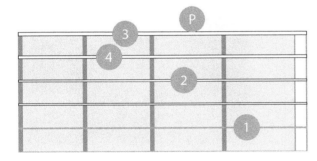

C7 (DÓ de 7.ª)

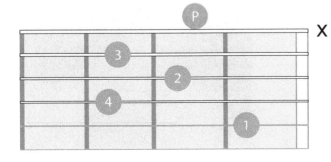

X

Csus4 (DÓ suspenso de 4.ª)

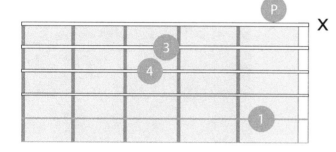

Cmaj7 (DÓ maior de 7.ª)

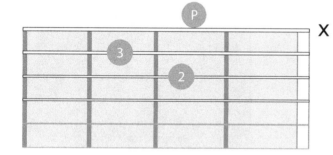

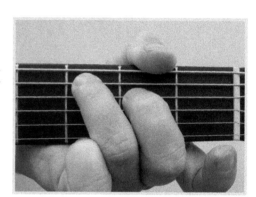

Cadd9 (DÓ de 9.ª adicionada)

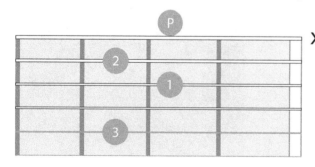

C/B (DÓ com baixo em SI)

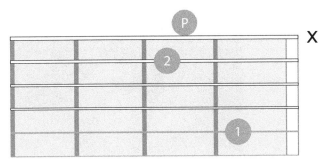

X

C#M (DÓ#menor)

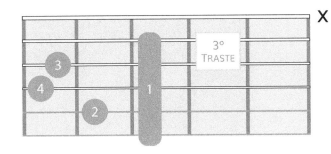

3°
TRASTE

X

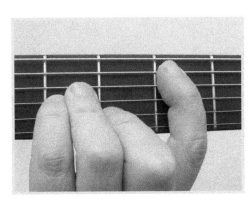

C#M (DÓ#menor) *MAIS FÁCIL*

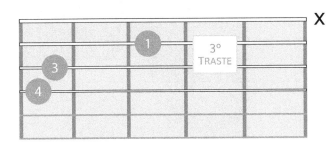

3°
TRASTE

X

D (RÉ)

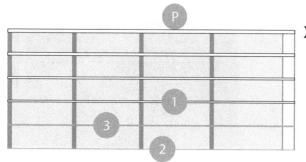

DM (RÉ menor)

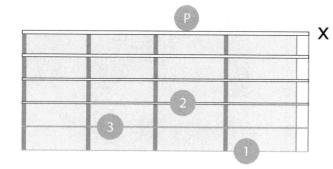

D7 (RÉ de 7.ª)

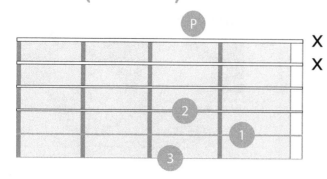

D2 (RÉ de 2.ª)

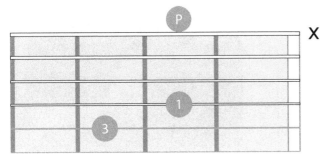

DSUS4 (RÉ suspenso de 4.ª)

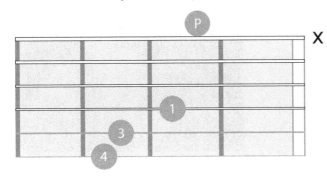

DM7 (RÉ menor de 7.ª)

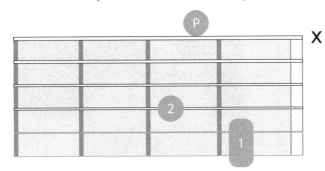

DMAJ7 (RÉ maior de 7.ª)

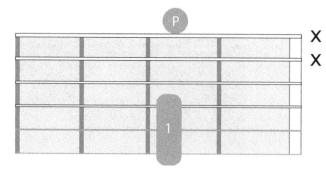

E (MI)

E/A (MI com baixo em LÁ)
POLICORDE

5º
TRASTE

E/B (MI com baixo em SI)
POLICORDE

7º
TRASTE

EMAJ7 (MI maior de 7.ª)

3º
TRASTE

E7 (MI de 7.ª) P

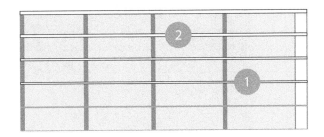

Esus4 (MI suspenso de 4.ª)

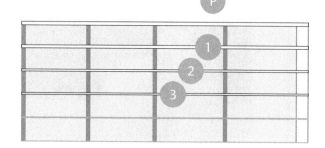

E5 (MI de 5.ª)

6º
TRASTE

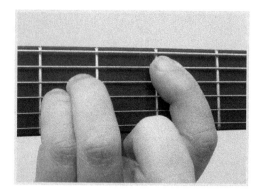

Em/g
(MI menor com baixo em SOL)

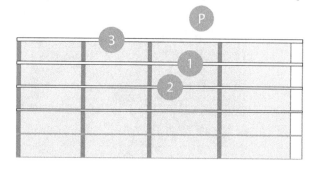

F (FÁ)

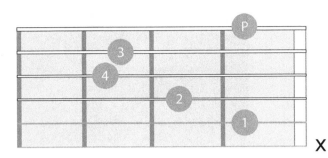

F (FÁ) *MAIS FÁCIL*

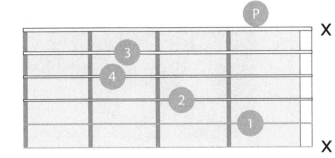

F2 (FÁ de 2.ª)

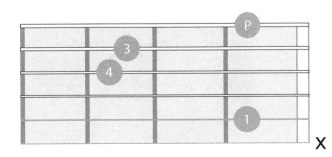

Fmaj7 (FÁ maior de 7.ª)

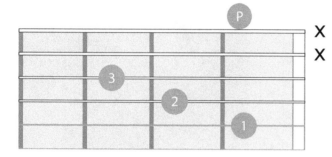

Fmaj7 (FÁ maior de 7.ª)

MAIS FÁCIL

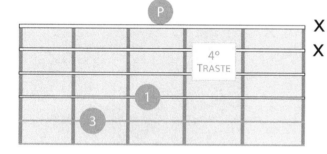

4º
TRASTE

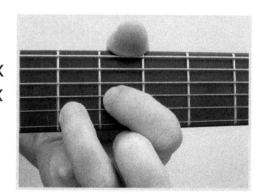

F#m7 (FÁ# menor de 7.ª)

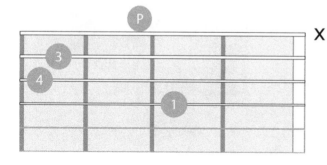

F#M (FÁ# menor)

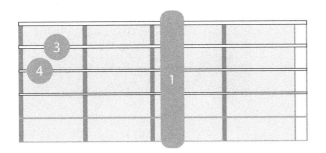

F#M (FÁ# menor)

MAIS FÁCIL

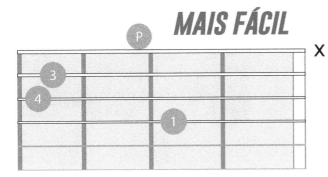

X

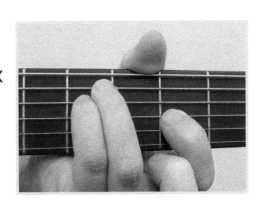

G (SOL)

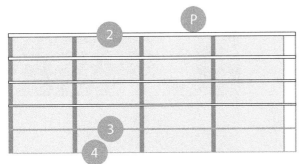

X

G (SOL) *OUTRO MÉTODO*

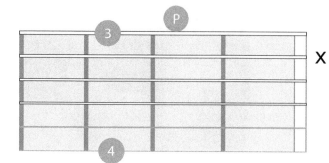

X

G7 (SOL de 7.ª)

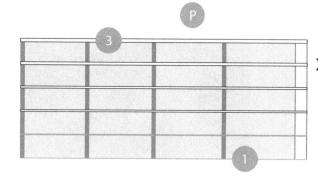

X

GMAJ7 (SOL maior de 7.ª)

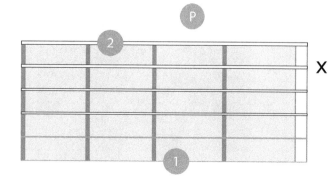

X

G~ADDD7~ (SOL de RÉ de 7.ª adicionado)

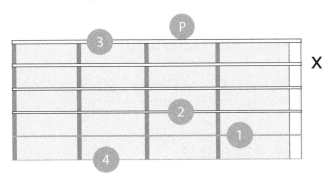 

G~SUS4~ (SOL suspenso de 4.ª)

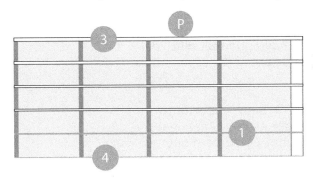 

G~ADDC~ (SOL de DÓ adicionado)

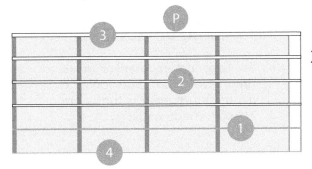 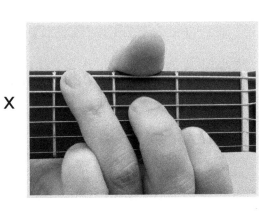

SEGUIU TODOS OS PASSOS PARA CHEGAR ATÉ AQUI? SE SIM... FEZ UM ÓTIMO TRABALHO!

PARABÉNS!

AGORA VOCÊ PODE TOCAR VIOLÃO

Mesmo que não tenha dominado totalmente todas as lições, você está a progredir muito bem. Qualquer disciplina nova pode ser difícil de aprender, mas apenas por um curto espaço de tempo.

Fica sempre mais fácil. O mais importante a fazer agora é compreender estas lições. Com o tempo, elas se tornam uma parte permanente do seu estilo.

Existem acordes, ritmos e habilidades suficientes para uma vida de diversão.

ALGUMA DÚVIDA OU SUGESTÃO?

Email

support@pauricmather.com

Eu tenho todo o prazer em ouvir as suas sugestões.

PEDIDO DE REVISÃO

Se tiver um momento, deixe uma avaliação. Sua opinião irá ajudar imenso a todos em nossa jornada musical.

CONHEÇA O AUTOR

Os livros e as lições de violão de Pauric Mather são verdadeiramente únicos. São facilmente os livros e as lições mais individuais e personalizadas que você irá encontrar. Eles já ajudaram milhares de pessoas a aprender a tocar violão. O que é ainda mais notável é que não precisa ter qualquer conhecimento sobre música para aprender com o seu estilo de ensino.

Além de ser um professor de violão, Pauric Mather é o autor de 4 best sellers.

De Dublin, na Irlanda, ele é guitarrista profissional desde 1987 e trabalhou com muitos artistas de sucesso.

Pauric Mather agora um dos autores de livros de violão mais traduzido do mundo. Seus livros e métodos de ensino estão disponíveis em mais de 10 idiomas.

WEBINAR AO VIVO - VÍDEO - SUPORTE POR E-MAIL !!!

TODAS AS QUARTAS (1 Hora)

Para todos os alunos que estão aprendendo com os livros de violão de Pauric Mather. Coloque qualquer questão que você tenha!

PAURICMATHER.com

TAMBÉM DO AUTOR

Lightning Source UK Ltd.
Milton Keynes UK
UKHW050821050822
406887UK00007BA/414